Una propuesta pedagógica para el profesorado en la Educación Permanente de Jóvenes y Adultos

Diseño curricular de un postítulo a distancia de actualización profesional para docentes de EPJA

Claudio Ariel Clarenc

ISBN 978-1-291-45238-9

Diseño de tapa y diagramación por Claudio Ariel Clarenc
Editado y publicado por Claudio Ariel Clarenc
claudio.clarenc@gmail.com
www.humanodigital.com.ar
about.me/caclarenc
@caclarenc

San Carlos de Bariloche, Río Negro, Argentina.
Escrito en septiembre de 2012
Publicado en junio de 2013.

Introducción

Para atender al marco general, la población (destinatarios del postítulo), objetivos y temario general que la Jurisdicción establece, se propone:

En primer lugar, comprender desde la Jurisdicción y, posteriormente, los docentes del postitulo y los futuros educadores de dicha modalidad, que:

- La escuela para la Modalidad de Jóvenes y Adultos comprende un gran número de alumnos provenientes de sectores populares que se inscriben en ella, y que necesitan encontrar en la escuela, respuestas a los cambios que les impone la sociedad.
- Es preocupante el número de educandos que abandona, o reingresa y abandona nuevamente su escolaridad por diversos motivos: familiares, laborales o porque no encuentran en La Escuela aquellos nexos que los vinculen con su realidad y las demandas que el mundo les impone.

- Son jóvenes y adultos que alguna vez se matricularon en la escuela, iniciaron su escolaridad y luego la abandonaron.
- Muchos de ellos han estado fuera de toda escolarización por más de 10 o 15 años.

En segundo lugar, y con respecto solamente a la Jurisdicción y a los docentes de esta capacitación:

- Que la propuesta deberá atender a la formación e interés de cada docente (en su rol de educando) y brindar las herramientas pedagógicas-didácticas para desempeñarse en esta modalidad.
- Que la oferta será tanto para maestros de grado como para profesores que quieran desempeñarse en esta modalidad en el nivel básico.

En tercer y último lugar, en cuanto a todos los actores que intervienen en esta modalidad (docentes, directivos, formadores de formadores, Estado, etcétera) que es necesario pensar a la educación como un vínculo humano (en términos dialógicos), porque esta concepción de la educación, de construcción y producción colectiva de conocimientos, ubica al docente como un promotor del trabajo colaborativo y horizontal.

El sujeto que enseña

Tanto los educadores como los educandos, poseen y se desenvuelven en diferentes contextos, cada uno con diversas subjetividades y significaciones. Es imprescindible que el docente de esta modalidad pueda escuchar, entender y actuar en consecuencia con cada ámbito, que atienda a la diversidad y, a su vez, cree un nuevo espacio en el que todos se sientan identificados, en un continuo proceso de des-construcción y reconstrucción de sentidos y significados.

Este hecho significa que el docente de esta modalidad deberá ser avezado para discernir las dificultades de aprendizaje, inconvenientes de maduración, problema de marginación y discriminación, o de otra índole, de cada sujeto en particular, sin por ello dejar de contemplar a la clase como un todo: un espacio de pertenencia y significaciones compartidas que atienda y promueva el desarrollo, los sentidos y las potencialidades de cada sujeto y de todos los sujetos.

El docente desarrolla su práctica mediante la reflexión crítica acerca de las posibilidades de aprender de los adultos y del lugar que ocupan en la sociedad, en términos de pertenencia social y cultural.

Es un proceso de enseñanza y de aprendizaje en el que los educandos deben inscribirse como partícipes necesarios del mismo. Cuando el docente se posiciona, erróneamente, en un rol autoritario o paternalista, desplaza a los estudiantes hacia un lugar diferente, no de pares, sino de inferiores.

El sujeto que aprende

Los jóvenes y adultos comparten algunas de las siguientes particularidades:

- Poseen saberes escolares formales y otros no tanto (informales).
- Transitaron una alfabetización formal que necesita resignificarse.
- Quieren emplearse o están incluidos en el ámbito laboral, teniendo la necesidad de certificar sus estudios para continuar con otras metas formativas o mejorar su situación como trabajadores.
- Valoran a la escuela en relación con la formación ciudadana y los sentidos que ella ofrece.
- Son padres o madres, o establecen relaciones y responsabilidades de cuidado sobre otros miembros familiares u otras personas.

Consideraciones generales sobre la propuesta

Este postítulo de actualización profesional para educadores de jóvenes y adultos persigue dar respuesta a un número cada vez mayor de adultos que necesitan "re"-escolarizarse y vincularse, a través de la escuela, con el mundo y el contexto en y del cual son parte.

También quiere brindar nuevas oportunidades a jóvenes y adultos que han abandonado la escuela secundaria y reingresan a la modalidad para lograr su "alfabetización"-titulación.

Estas necesidades produjeron un cambio sustancial en la concepción de la educación de adultos y sus demandas sociales, que deriva en la necesidad, de las instituciones y los docentes de la modalidad, de requerir una pos titulación, con el objetivo de no sólo especializarse, sino también de obtener un reconocimiento desde su carrera docente como especialistas en la modalidad en que se desempeñan. De este hecho se deduce que la formación de formadores tradicional y actual no contempla al adulto como sujeto de aprendizaje, sino al niño o al adolescente, aspecto que motivó que los docentes que se desempeñaban en esta modalidad fueran formándose a si mismos a través de su experiencia a lo largo de su desempeño.

La propuesta

El tipo de segmento y público de la propuesta requiere enmarcarse dentro de un enfoque epistemológico emparentado a una teoría del currículo práctica, con algunas apariciones del enfoque racional, porque el postitulo requiere capacitar a los docentes en dos aspectos: instrumental y práctico. A su vez, el enfoque teórico del currículum contará con una distribución por momentos integrada y por momentos disciplinar.

Al ser una postitulo para docentes, con el fin de que se desempeñen correctamente en un nivel específico, es necesario prepararlos, como se dijo anteriormente, en esos dos aspectos. Por este motivo, la capacitación (posgrado) tendrá un doble carácter, uno prescriptivo, desde un posicionamiento psicológico social (como debería funcionar la práctica en la educación de jóvenes y adultos) y otro descriptivo -desde una perspectiva sociológica- con el fin de poder analizarla, contemplarla, comprenderla y evaluarla.

Al ser un proyecto de formación para formadores es más que imprescindible que el enfoque de la planificación sea helicoidal, porque no solo atiende al carácter social del público y su relación con su contexto espacio-temporal: el aprendizaje es un proceso que ocurre en el tiempo, sino también a la diversidad de miradas, producto de la interacción y el dinamismo propuestos. Este enfoque (espiralado) toma del lineal la renovación de contenidos y, del concéntrico, el retorno a la presentación de los conceptos, los principios, las ideas, los valores o las teorías importantes que se estudiaron anteriormente.

Sin embargo, los contenidos se abordarán en dos movimientos de espiral: uno, de espiral centrípeta y otro de espiral centrífuga, porque no solo se irá del uso al sentido y del sentido a la forma, sino también, a la inversa, de la forma y el sentido al uso.

En cuanto a la estrategia de enseñanza, y en consecuencia con el enfoque de la planificación y la distribución curricular, se adoptará una postura dual: el constructivismo, con apariciones del cognitivismo, siendo el leguaje y la dialogicidad los motores de la interacción educador-educando y educando-educando.

De lo anterior también se deduce que los objetivos de la planificación no estarán centrados en el producto (en el resultado final) sino en el proceso y en el desarrollo de aprendizajes significativos y de capacidades en situaciones comunicativas concretas, basados en los siguientes pilares: aprender a aprender, saber ser-estar, saber hacer, saber-actuar (social) y saber-aprender los instrumentos.

La lógica didáctica, responderá mayormente a un modelo de descubrimiento con incursiones, en mayor medida, del modelo guiado y, en menor, del directivo. Esta combinación de modelos atenderá siempre a la interacción y estará sustentada sobre la teoría de la actividad de Leontiev y la acción del lenguaje (lenguajear, en términos de Maturana).

Todo lo explicado anteriormente simboliza, implica y permite el continuo pasaje recíproco de la epistemología a la praxeología y de la noesis a la autopoiesis, en un dinámico proceso helicoidal de significaciones y producción de sentido.

Se propone, por consiguiente, un postítulo con un ciclo común de tres cuatrimestres y un cuarto cuatrimestre con tres ejes de orientación:

- Comunicación y expresión: que abarca lengua, comunicación, literatura y arte en general.
- Exactas y naturales: física, química, biología y matemática.
- Sociales: historia y geografía, principalmente.

Estructura/Organización Curricular		
Cuatrimestre	**Espacio curricular/seminarios**	**Carga**

		horaria
Primero	Modelos de enseñanza y aprendizaje para jóvenes y adultos 1	64 horas
	Didáctica general para jóvenes y adultos	64 horas
	Educación, Didáctica y TIC	64 horas
Segundo	Modelos de enseñanza y aprendizaje para jóvenes y adultos 2	64 horas
	Psicología y educación en jóvenes y adultos	64 horas
	Teoría y diseño curricular	64 horas
Tercero	Seminario de alfabetización y lenguaje	32 horas
	Seminario de contextualización social e interculturalidad	32 horas
	Seminario de Educación y Trabajo	32 horas

	Orientaciones	
	Seminarios optativos (el educando elije uno de una oferta de tres)	
	○ Enseñanza y didáctica del área curricular del módulo de comunicación y expresión ○ Enseñanza y didáctica del área curricular del módulo de exactas y naturales ○ Enseñanza y didáctica del área curricular del módulo de sociales	96 horas
Cuarto	**Seminarios obligatorios**	
	Didáctica con TIC en (la orientación elegida por el educando) en la educación de jóvenes y adultos.	64 horas
	Planificación y práctica profesional	64 horas
	Trabajo Integrador final: tesina (investigación teórica) o proyecto educativo-social para jóvenes y adultos	64 horas
	Total de horas del postítulo:	**768 horas**

Tiempo de cursada:	**Dos años calendario**

Explicación de la estructura curricular

El postítulo estará compuesto por 13 seminarios (nueve son de ciclo común y 4 de la orientación) divididos en cuatro cuatrimestres.

Cada cuatrimestre está compuesto por 192 horas reloj entre lectura, análisis y comprensión de los contenidos, como así también por la realización de las actividades.

Sobre la modalidad

Semipresencial (blended learning): mayormente virtual (a distancia) con algunos encuentros presenciales.

Es decir, todos los seminarios son completamente virtuales, excepto el de práctica profesional.

Las prácticas serán reales. Para tal caso los docentes deberán elegir y pedir permiso a una escuela de esta modalidad con el objetivo de que los autoricen a realizar sus prácticas. La jurisdicción designará docentes-observadores de las prácticas. Las horas de práctica profesional son independientes de la carga horaria del seminario. Cada educando deberá ser observado en seis clases (o encuentros de 80 minutos). Para tal fin tendrá que realizar una secuencia didáctica, estará sujeto al registro del observador y posteriormente, entregará un análisis de su labor, que será complementado con el informe realizado por el observador y el del docente-tutor del seminario.

A su vez, el educando deberá buscar un director de tesina o de proyecto que lo ayude con su realización. Las 64 horas contempladas en este seminario de trabajo integrador están destinadas a la actividad en la plataforma virtual: son independientes de las horas que el educando invierta en la terminación de su trabajo.

Si bien lo ideal es que la entrega del trabajo final se realice sobre la finalización del cuarto cuatrimestre, eventualmente el educando podrá contar con un cuatrimestre más para poder hacerlo, desde el momento en que finaliza la cursada de todos los seminarios.

Cada seminario será secuenciado (cada nueva unidad o clase implica a su vez, a las anteriores) en un enfoque helicoidal tanto hacia dentro de cada seminario como hacia los demás. Estarán distribuidos en unidades didácticas, módulos o clases de una a dos semanas máximo de duración. Por lo cual cada seminario, a lo largo de un cuatrimestre, tendrá un duración de aproximadamente entre

10 a 12 clases distribuidas en unidades didácticas. Esto da un total = 16 semanas por seminario.

Todos los seminarios de cada cuatrimestre se realizarán a la par, excepto los cursos de 32 horas de duración del tercer cuatrimestre, que se desarrollarán de forma lineal para distribuir la carga horaria del estudiante. Es decir, no comenzará un seminario nuevo de 32 horas hasta que no haya finalizado el anterior (el orden de cursada es el escrito en la organización curricular).

Sobre los contenidos

Los contenidos y las actividades estarán sustentados sobre dos ejes explicados con anterioridad: describir y prescribir cómo debe funcionar la práctica.

Por consiguiente, el objetivo mayor es poder ubicar a los sujetos en contexto: para entenderlo, comprenderlo, desempeñarse y actuar en consecuencia.

Dichos contenidos serán pertinentes con el enfoque epistemológico adoptado por la Jurisdicción. Y serán de carácter teórico y práctico: no se brindará solo bibliografía y lectura de textos académicos sino también análisis e implementación de casos y buenas prácticas docentes.

Sobre las actividades y recursos para el aprendizaje

Las actividades y recursos para el aprendizaje estarán en consecuencia con los contenidos.

Las actividades comprenderán tanto ejercicios de cognición como así también de construcción. Implicarán un continuo pasaje de la teoría a la práctica y viceversa.

Los recursos no serán únicamente material de lectura. Se fomentará la interactividad a través de distintos soportes y medios: videos, audios, presentaciones animadas, chat, foros de debate, mapas mentales, dispositivos móviles, redes sociales y netbooks, entre otros.

En cuanto a la realización de actividades, habrá de dos tipos: individuales y grupales (colaborativas) tanto cognitivas como constructivas.

Los contenidos como las actividades de este postitulo, como se dijo anteriormente, buscarán en todo momento ubicar a los sujetos en contexto para comprenderlo y actuar en consecuencia. Es decir, su finalidad es producir aprendizajes significativos y construir conocimientos para desarrollar capacidades comunicativas concretas en su ámbito de aplicación: la práctica profesional del docente en su área (comunicación y expresión, exactas y naturales, y sociales) en la Educación para Jóvenes y Adultos.

Estos contenidos y actividades no buscarán la adquisición de saberes aislados y estancos. Las secuencias de aprendizaje irán de lo general a lo particular, de lo abstracto a lo concreto, de lo lejano a lo cercano y de lo teórico a lo práctico. A su vez, como ya se explicó, se optará por un enfoque helicoidal: las secuencias de cada seminario, como la totalidad del postítulo bregarán por un continuo pasaje de la noesis a la autopoiesis, de la epistemología a la práctica, y de las partes al todo y del todo a las partes

En consecuencia, las actividades contemplarán desde simple respuestas a preguntas, pasando por debates grupales, hasta la realización de tareas colaborativas y la reformulación de soluciones y problemas de y en situaciones reales.

En resumen, todo el postítulo se sustentará sobre el modelo de aprendizaje denominado SOI, que postula que el aprendizaje constructivista depende de tres procesos cognitivos de aprendizaje: selección, organización e integración de la información. Este modelo depende de la interacción, en especial del lenguaje, tal como se explicitó en líneas anteriores.

Todos y cada uno de los seminarios en su secuenciación y planificación deberán contemplar estos procesos en sus contenidos y actividades propuestos.

Bibliografía

- Apple, M. (1986). *Ideología y Currículo. Madrid. Akal Universitaria*. (Cap. 5: El currículo oculto y la naturaleza del conflicto).
- Apuntes de cátedra. *Teoría del Currículo*. Campus Virtual de la Universidad Nacional de la Patagonia Austral.
- Bernstein, B. (1985). *Clasificación y enmarcación del conocimiento educativo*. Revista Colombiana de Educación Nº 15. Universidad Pedagógica Nacional, Santa Fe de Bogotá, (Dedicada a Basil Bernstein, reunión de artículos). Disponible en: http://es.scribd.com/doc/53283734/Revista-Colombiana-de-Educacion
- Camilloni, A. (1996). *De herencias, deudas y legados. Una introducción a las corrientes actuales de la didáctica. Corrientes didácticas contemporáneas*. Buenos Aires, Paidós.
- Camilloni, A. (1997). *Las apreciaciones personales del profesor*. Buenos Aires, Mimeo.
- Camilloni, A. (2001). *Modalidades y proyectos de cambio curricular. Aportes para el Cambio Curricular en Argentina*

2001. Universidad de Buenos Aires. Facultad de Medicina, UBA. OPS/OMS. Buenos Aires.

- Camilloni, A. (2006). *Notas para una historia de la Teoría del currículo*. OPFYL. Facultad de Filosofía y Letras. Universidad de Buenos Aires.
- Camilloni, A. (2007). *Justificación de la didáctica. Didáctica general y didácticas específicas. El saber didáctico*. Buenos Aires, Paidós.
- Camilloni, A. (2010). *La formación de los profesionales en la universidad*. Revista Gestión Educativa Vol. 02 Nº 02, Universidad Nacional de La Matanza.
- Camilloni, A. (2012). *Situaciones, tareas y experiencias de aprendizaje en las didácticas de las disciplinas*. Revista Actualidades Pedagógicas Nº 59. Disponible en: http://revistas.lasalle.edu.co/index.php/ap
- Consejo Provincial de Educación (2011). Anexo I - Resolución N° 1058. Modalidad Educación Permanente de Jóvenes y Adultos: Propuesta Curricular. Viedma, Río Negro, Argentina.
- Carr, Wilfred y Stephen Kemmis (1986). *Lo teórico y lo práctico: nueva definición del problema. En Teoría crítica de*

la enseñanza. La investigación-acción en la formación del profesorado. Edit. Martínez Roca, Barcelona, 1988.

- Escudero, M. *Las competencias profesionales y la formación universitaria: posibilidades y riesgos.* Universidad de Murcia.
- Grundy, S (1991). *Producto o praxis del curriculum*. Madrid. Morata. (Cap. I, II y IV).
- Hamilton, David (1993): *Orígenes de los términos educativos "clase" y "currículum. Revista Iberoamericana de Educación Número 1 - Estado y Educación*. Organización de Estados Iberoamericanos. Disponible en: www.rieoei.org/oeivirt/rie01.htm
- Instituto de Formación Docente N° 51. Postítulo de Actualización Académica para la Formación de Docentes para el Régimen Especial de Adultos. Consultado en Marzo de 2013.
- Jonassen, D. *El diseño de entornos constructivistas de aprendizaje en Reigeluth, Charles M. (Ed.) (2000): Diseño de la Instrucción. Teorías y Modelos*. Madrid, Santillana.
- Kemmis, S. (1986). *El curriculum: más allá de la teoría de la reproducción*. Edit. Morata, Madrid, 1993.

- Lenoir, Yves. *Três interpretaçöes da perspectiva interdisciplinar em educaçâo em funçâo de três tradiçôes culturais distintas.* Revista E-Curriculum. Disponible en: http://www.pucsp.br/ecurriculum.
- Leontiev, A. (1983). *El desarrollo del psiquismo*. Madrid: Akal.
- Mayer, R. *Diseño educativo para un aprendizaje constructivista en Reigeluth, Charles M. (Ed.) (2000): Diseño de la Instrucción. Teorías y Modelos*. Madrid, Santilla.
- Ministerio de Educación (2009). Educación Permanente de Jóvenes y Adultos: Recomendaciones para la elaboración de Diseño Curriculares. Buenos Aires, Presidencia de la Nación.
- Ministerio de Educación (2011). Programa Educación Media y Formación para el trabajo para Jóvenes: Curso de Capacitación para la Articulación de la Educación Secundaria de Jóvenes y Adultos y la Formación profesional y/o Formación para el Trabajo. Buenos Aires, Presidencia de la Nación.
- Shulman, L. (2005). *Estrato de Conocimiento y enseñanza. Fundamentos de la nueva reforma. Profesorado*. Revista de curriculum y formación del profesorado. 9.2.

- Tardif, J. *Desarrollo de un programa por competencias: de la intención a su implementación. Profesorado.* Revista de curriculum y formación del profesorado. Disponible en: http://www.ugr.es/local/recfpro/rev123ART2.pdf
- Tyler, R. (1974). *Principios básicos del curriculum.* Buenos Aires, Troquel.
- Vygotski, L. (1998). *El desarrollo cultural del niño. El desarrollo cultural del niño y otros textos inéditos.* Ed. G. Blanck. Buenos Aires: Almagesto.
- Weatbrook, Robert (1993). *John Dewey – 1859-1952.* París. UNESCO. Perspectivas: revista trimestral de educación comparada. Vol. XXIII. Nros1-2.

www.ingramcontent.com/pod-product-compliance
Ingram Content Group UK Ltd.
Pitfield, Milton Keynes, MK11 3LW, UK
UKHW020227250726
13967UKWH00001B/238

9 781291 452389